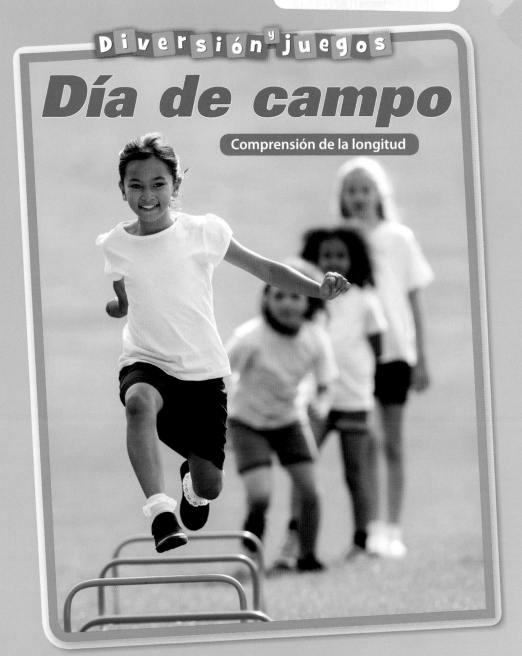

Diversión y juegos

Día de campo

Comprensión de la longitud

Chryste L. Berda

Asesora

Lorrie McConnell, M.A.
Especialista de capacitación profesional TK–12
Moreno Valley USD, CA

Créditos de publicación

Rachelle Cracchiolo, M.S.Ed., *Editora comercial*
Conni Medina, M.A.Ed., *Gerente editorial*
Dona Herweck Rice, *Realizadora de la serie*
Emily R. Smith, M.A.Ed., *Realizadora de la serie*
Diana Kenney, M.A.Ed., NBCT, *Directora de contenido*
June Kikuchi, *Directora de contenido*
Caroline Gasca, M.S.Ed., *Editora superior*
Stacy Monsman, M.A., *Editora*
Michelle Jovin, M.A., *Editora asociada*
Sam Morales, M.A., *Editor asociado*
Fabiola Sepúlveda, *Diseñadora gráfica*
Jill Malcolm, *Diseñadora gráfica básica*

Créditos de imágenes: págs.20–21 David Troy/Alamy; pág.26 Marjorie Kamys Cotera/Bob Daemmrich Photography/Alamy; todas las demás imágenes de iStock y/o Shutterstock.

Library of Congress Cataloging-in-Publication Data

Names: Berda, Chryste L., author.
Title: Diversion y juegos. Dia de campo : comprension de la longitud / Chryste L. Berda.
Other titles: Fun and games. Field day. Spanish
Description: Huntington Beach : Teacher Created Materials, 2018. | Includes index. | Audience: K to Grade 3. |
Identifiers: LCCN 2018007608 (print) | LCCN 2018011285 (ebook) | ISBN 9781425823313 (ebook) | ISBN 9781425828691 (paperbook)
Subjects: LCSH: Schools--Exercises and recreations--Juvenile literature. | School children--Recreation--Juvenile literature.
Classification: LCC LB3031 (ebook) | LCC LB3031 .B4718 2018 (print) | DDC 371.8/9--dc23
LC record available at https://lccn.loc.gov/2018007608

Teacher Created Materials

5301 Oceanus Drive
Huntington Beach, CA 92649-1030
www.tcmpub.com

ISBN 978-1-4258-2869-1

© 2019 Teacher Created Materials, Inc.
Printed in China
Nordica.072018.CA21800713

Contenido

El Equipo de los Sueños

¡Estoy tan emocionado! Cada año se eligen estudiantes para que decidan las actividades y el **plano** para el día de campo. Este año, mi clase está a cargo del evento. Todos sueñan con ser parte del equipo de planeación. Pero nadie lo desea más que yo. Me gusta hacer estas cosas. Ayudo a mi familia a planear la fiesta anual de nuestra calle. Pero nadie conoce mi **destreza** secreta. Espero que me elijan para el equipo.

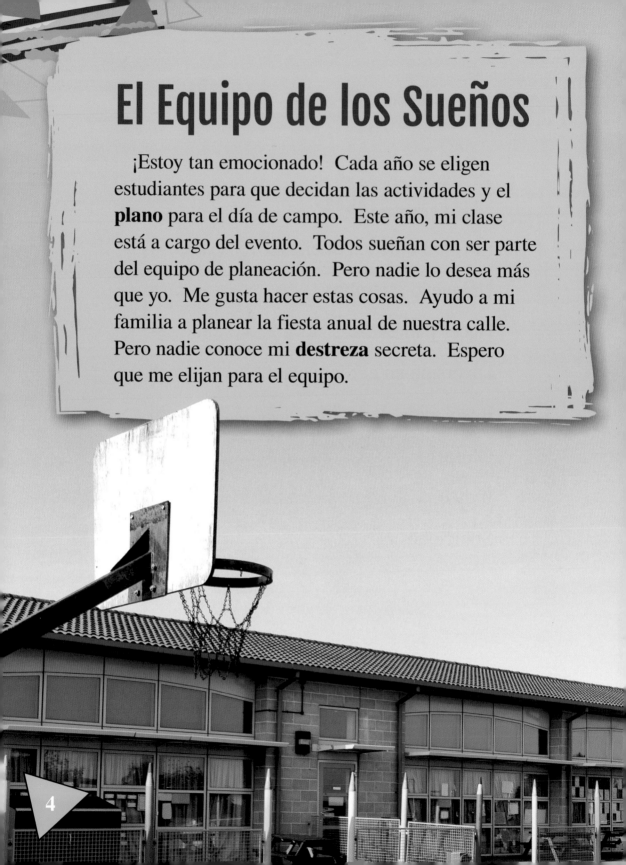

El juego de jalar la cuerda es una actividad común del día de campo.

En la clase, mi maestro, el Sr. Jackson, nombra a mis compañeros. "DeShawn, Sofía, Paz, Ava y Luis", dice. Pero no menciona mi nombre, Christian. Veo cómo celebran los demás. Todos están tan emocionados. Hasta inventan un nombre genial para el equipo. Se llamará el Equipo de los Sueños.

Christian está triste porque no fue elegido para el Equipo de los Sueños.

El Sr. Jackson nombra a los estudiantes para que ayuden con el día de campo.

Los estudiantes juegan durante el recreo.

Un nuevo miembro

Durante el recreo, el Equipo de los Sueños se sienta en los bancos. Estoy seguro de que esta es su primera reunión. Decido jugar cerca de los bancos para escucharlos. Mientras juego, los escucho.

—¿Cuáles son las reglas para el **diseño** del campo? —pregunta DeShawn.

—Debemos ubicar todas las actividades en el campo. ¡Y debemos mantener a todos a salvo! —responde Paz.

—¿Y cómo lo hacemos? —pregunta Luis.

Sofía pregunta:

—¿Debemos construir vallas entre cada juego para que nadie reciba un pelotazo? ¿O, tal vez, podamos colgar redes enormes para atrapar a alguien antes de que se caiga al suelo? ¿Qué necesitamos hacer? ¿Tendremos tiempo suficiente para tener todo listo?

Puedo sentir la preocupación en las voces del Equipo de los Sueños. ¡Estoy seguro de que no tendrán tiempo de construir vallas ni de colgar redes!

El Equipo de los Sueños sigue hablando. Ninguno ha dibujado antes un plano para un evento. Las **ideas** del equipo crecen y se hacen más complicadas. Escucho fragmentos de su conversación: "robots… alarmas… bocinas…".

Mientras escucho, sé que puedo ayudar. Empiezo a **dudar**, y luego me acerco al grupo.

—¡Hola, amigos! Tan solo diseñen bastante espacio entre los juegos y lugar para moverse. Así todos estarán a salvo —les digo.

Se ven sorprendidos, pero todos dicen:

—¡Gracias!

Les sonrío.

Los estudiantes necesitan espacio para separarse para correr una carrera de relevos.

Ideas para el día de campo:

- robots
- alarmas
- bocinas

Hacer planes

Luis dice:

—¡Deberíamos empezar! Dibujemos un plano. Entonces, podemos comenzar a **medir longitudes**.

Los miembros del Equipo de los Sueños están de acuerdo. Se ponen a trabajar. DeShawn y Luis comienzan a compartir sus ideas. Luego, Sofía sugiere una idea:

—Deberíamos probar cada actividad, entonces sabremos de qué tamaño debe ser la pista para cada una.

De pronto, DeShawn se da vuelta y me pregunta:

—¿Te gustaría ayudarnos, Christian?

EXPLOREMOS LAS MATEMÁTICAS

El Equipo de los Sueños comienza por medir la longitud de todo el campo.

1. ¿Los estudiantes deberían usar una regla, un metro plegable o una cinta métrica? ¿Por qué?

2. ¿Los estudiantes deberían medir usando metros o centímetros? ¿Por qué?

cinta métrica

15

Un lugar para la carrera

Y así como así, ¡estoy en el Equipo de los Sueños! ¡Estoy listo para ayudar!

Meto las piernas dentro de una bolsa de **arpillera** y salto unos pocos pies. Corro con Paz. ¡Es muy rápida! La carrera de embolsados es muy divertida, pero termino sudado y **jadeando**. Los chicos comienzan a dibujar el plano mientras las chicas miden la pista.

El Equipo de los Sueños practica para la carrera de embolsados.

metro plegable

Ava mide la longitud de la pista de la carrera de embolsados y tiene 9 metros. Paz mide la misma longitud, pero dice que su medida es de 900 centímetros. ¿Cómo puede haber dos medidas diferentes pero correctas?

Lanzamiento de disco

El juego siguiente es el lanzamiento de disco. En este juego, cada uno intenta lanzar un disco a través de un aro. Cada disco que pase por el aro anotará un punto para el lanzador. La persona con más puntos al cabo de dos minutos gana el juego. Sofía es la primera en intentarlo. Se para en la línea de partida y lanza. ¡Guau, es muy buena! ¡Gana ocho puntos en solo dos minutos!

El Equipo de los Sueños aclama.

¿Qué tan lejos debería estar la línea de lanzamiento de los aros: a unos 5 centímetros o a unos 5 metros? ¿Por qué?

Patada rápida

El tercer juego será la patada rápida. Soy bueno en *kickbol*, así que voy primero. Corro hacia la línea donde está la pelota y pateo lo más fuerte posible. Justo cuando pateo, ¡la pelota resbala bajo mi pie! Me caigo de espaldas. Me siento **avergonzado**, pero DeShawn corre para ayudarme a levantar. Vuelvo a intentarlo y, esta vez, la pelota vuela por el campo.

Generalmente, el *kickbol* se juega en un diamante de béisbol o sobre asfalto.

La pelota de *kickbol* está hecha de goma para que pueda usarse sobre césped o asfalto.

EXPLOREMOS LAS MATEMÁTICAS

Christian patea la pelota 23 metros. DeShawn patea la pelota 16 metros. ¿Cuánto más lejos viajó la pelota de Christian que la de DeShawn? Dibuja una recta numérica como esta. Úsala para encontrar la solución.

0 1 2 3 4 5 6 7 8 9 10 11 12 13 14 15 16 17 18 19 20 21 22 23 24 25 26 27 28 29 30

Carrera de tres piernas

La última actividad también es mi favorita: la carrera de tres piernas. Las parejas se atan las piernas y corren. Paz y Sofía corren en pareja. DeShawn y Luis compiten contra ellas. Yo me paro en la meta y miro quién cruzará primero. Comienzo a **gritar**: "¡Preparados, listos, ya!". Empieza la carrera. Todos dan un paso y se caen riendo. ¡Qué gran comienzo!

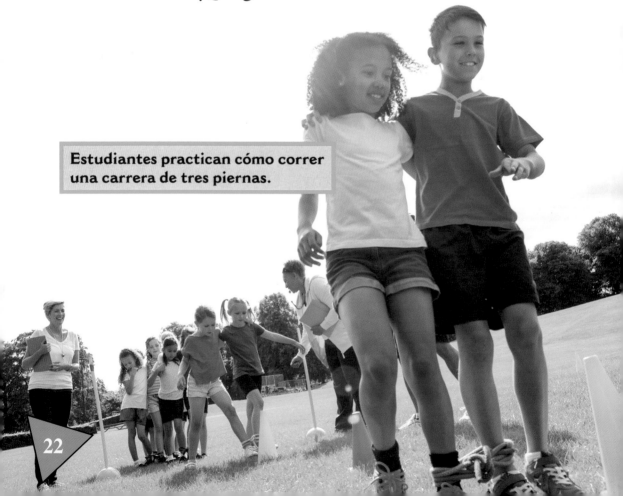

Estudiantes practican cómo correr una carrera de tres piernas.

Sofía y Paz

Al final del día, todos estamos sudados y cansados. Trabajamos duro para planear un día de campo genial, pero nos divertimos haciéndolo. Ahora es momento de descansar. Qué bueno porque el día de campo es mañana. Si duermo bien, pienso que podré ganar en alguna actividad. ¡Y también estoy emocionado por ver a toda la escuela jugar en nuestro campo!

El Equipo de los Sueños celebra un trabajo bien hecho.

25

Diversión en el día de campo

Por fin llega el día de campo. ¡Es un día increíble! Todos se divierten y están seguros. Me alegro de haber decicido hablar y haber podido ayudar a mis compañeros. No me importó que no fui elegido para el Equipo de los Sueños. De todos modos pude ayudar, divertirme y hacer nuevos amigos. ¡Tal vez de eso se trata realmente el día de campo!

Los estudiantes chocan los cinco para demostrar buen espíritu deportivo.

Dos estudiantes compiten
en el día de campo.

⚙️ Resolución de problemas

El día de campo terminó, pero los miembros del equipo de planeación ya están buscando ideas para el próximo. Planea alguna actividad que podrían usar. Responde las preguntas para que puedan entender tu diseño.

1. Describe tu actividad. ¿Cómo se juega? ¿Qué equipamiento se necesita?

2. ¿Cuál de las siguientes comparaciones describe mejor la longitud de la pista para tu actividad?

   A. un poco menos que la longitud de un aula

   B. mucho menos que la longitud de un aula

   C. un poco más que la longitud de un aula

   D. mucho más que la longitud de un aula

3. ¿Qué unidad tiene más sentido para medir la longitud de la pista: pulgadas, pies, centímetros o metros? ¿Por qué?

4. ¿Qué instrumento de medición tiene más sentido usar para trazar la pista: una regla, un metro plegable o una cinta métrica? ¿Por qué?

Glosario

arpillera: una tela fuerte y áspera

avergonzado: sentirse en ridículo frente a otros

destreza: la habilidad que proviene del entrenamiento, práctica o experiencia

diseño: la planeación de cómo se creará o construirá algo

dudar: detenerse por un momento antes de hacer algo porque uno está nervioso o inseguro sobre qué hacer

gritar: levantar la voz

ideas: pensamientos y planes sobre qué hacer

jadeando: respirando fuerte y rápido

longitudes: distancias de un extremo a otro

medir: hallar el tamaño, longitud o cantidad de algo

plano: el diseño de algo

Índice

Soluciones

Exploremos las matemáticas

página 14:

1. Las respuestas variarán. Ejemplo: *Recomiendo que los estudiantes usen una cinta métrica porque es más larga que una regla o que un metro plegable, y será más fácil de usar para medir algo largo, como el campo.*

2. Las respuestas variarán. Ejemplo: *Recomiendo que los estudiantes usen metros porque los metros son más largos que los centímetros, y llevará menos metros medir el campo.*

página 17:

Las respuestas variarán, pero pueden incluir que hay 100 cm en 1 m, así que si bien Ava y Paz tienen medidas diferentes para la misma longitud, ambas medidas son correctas.

página 19:

Las respuestas variarán. Ejemplo: *Pienso que 5 m es la mejor medida porque 5 cm sería demasiado corto para una distancia.*

página 21:

7 m más lejos; las rectas numéricas deberían estar marcadas en 16 y en 23.

Resolución de problemas

1. Las respuestas variarán pero deben incluir descripciones de cómo se juega una actividad y el tipo de equipamiento necesario.

2. Las respuestas variarán.

3. Las respuestas variarán, pero deben justificarse según la longitud de la pista.

4. Las respuestas variarán, pero deben justificarse según el tamaño de la pista.